BMoove

Retrouvez **Wilfried Launay**
sur bmoove.com et sur les réseaux sociaux
Youtube, Instagram, Facebook, Tiktok.

Photographies et auteur : **Wilfried Launay**
Photographies, illustrations et mise en page du livre : **Fiona Leitao**

WILFRIED LAUNAY

DÉLICIEUSEMENT
SANS
SUCRE

—

40 recettes sans sucre ajouté
sans lactose - sans gluten

SOMMAIRE.

Le sucre, Ce poison Au goût Si Doux

Selon les données de l'Agence nationale de sécurité sanitaire de l'alimentation, de l'environnement et du travail (ANSES), **la consommation moyenne de sucre ajouté par les Français est de 35 kg par an en moyenne.**

Cela correspond à environ 100 g de sucre ajouté par jour, soit l'équivalent de sept cuillères à soupe de sucre.

Cette consommation de sucre ajouté est largement supérieure aux recommandations de l'Organisation mondiale de la santé (OMS), qui recommande de limiter la consommation de sucre ajouté à moins de 10% de l'apport énergétique total. **Pour un adulte moyen, cela correspond à environ 50 g de sucre ajouté par jour.** Le sucre ajouté est un ingrédient trop couramment utilisé par l'industrie agro-alimentaire dans de nombreux aliments et boissons pour améliorer le goût et la texture. Mais il peut présenter plusieurs problèmes pour la santé lorsqu'il est consommé en grandes quantités (ce qui semble être le cas pour la majorité de la population aujourd'hui). Le sucre ajouté est une source de calories vides, c'est-à-dire qu'il apporte de l'énergie mais ne contient aucun nutriment essentiel. Ainsi, consommer trop de sucre peut contribuer à un excès de masse grasse et à l'obésité. Une consommation excessive de sucre peut aussi accroître le risque de développer le diabète de type 2, un problème de santé qui se caractérise par une augmentation anormale du taux de sucre dans le sang (la glycémie).

Bien sûr, comme on nous le rappelle depuis qu'on est petit, le sucre peut aussi être à l'origine de la formation des caries dentaires. Enfin, les données les plus récentes confirment qu'une consommation élevée de sucre peut affecter négativement l'humeur et surtout la santé mentale. Mais, au final, le plus gros problème du sucre, c'est qu'il agit comme une véritable drogue ! En effet, la consommation de sucre peut libérer dans le cerveau de l'ocytocine, une hormone liée au plaisir et à la récompense. De plus, le sucre peut élever le taux de dopamine, un neurotransmetteur lié à la motivation et à la récompense, ce qui peut donner une sensation de bien-être artificielle. La consommation régulière de sucre peut, à terme, entraîner une véritable dépendance, ce qui signifie que le corps a besoin de plus de sucre pour ressentir les mêmes effets de plaisir et de récompense. Au final, comme c'est le cas pour la plupart des drogues, une véritable addiction peut s'installer de façon insidieuse.

« OK, mais comment réduire sa consommation de sucre ? Car il est littéralement PARTOUT ! »

Pour commencer, le meilleur moyen de se débarrasser du sucre c'est d'arrêter d'acheter des aliments transformés, qui contiennent très souvent du sucre. Ensuite, il faut reprendre le contrôle de sa cuisine en prenant l'habitude de cuisiner sans sucre. Et ce n'est pas si simple quand on parle de " plats gourmands ". Voici pourquoi j'ai décidé de réunir dans ce livre un grand nombre de recettes sans sucre, pour tous les goûts et tous les moments de la journée. Il existe de nombreuses alternatives saines et savoureuses qui peuvent être utilisées pour remplacer le sucre dans nos recettes du quotidien.

Dans ce livre, vous trouverez des recettes pour des petits déjeuners, des en-cas, des boissons et des desserts. Tous SANS sucre ajouté. Vous découvrirez également comment utiliser des ingrédients naturellement sucrés, tels que certains fruits, qui peuvent ajouter de la douceur à vos plats sans avoir recours au sucre raffiné.
Je suis convaincu que vous apprécierez chaque recette de ce livre et que vous serez inspiré pour créer vos propres plats sans sucre.

J'espère que vous prendrez plaisir à cuisiner et à déguster ces recettes aussi savoureuses qu'originales !

Bonne lecture et bon appétit :)

Wilfried et l'Équipe BMoove.

INTRODUCTION.

1| Comment consommer les recettes de ce livre ?

Ce livre de recettes n'a pas été créé pour se "gaver" de recettes gourmandes. Même si une recette est sans sucre, elle est potentiellement beaucoup plus riche qu'un aliment simple, comme un fruit entier. Si votre objectif est de perdre de la masse grasse, vous devez tenir compte de cela.

De mon côté, je consomme très peu de recettes gourmandes. Mes repas se finissent la plupart du temps avec un fruit ou quelques morceaux de chocolat à 80% minimum. Par contre, j'apprécie de temps en temps de cuisiner un banana bread ou de consommer des crêpes paléo.

Ces recettes plaisirs sont parfaites pour créer, par exemple, un dessert original et sain pour clôturer un repas dominical. Mais si vous consommez ce même désert tous les jours de la semaine, c'est une autre histoire. Ce que je veux vous faire comprendre ici, c'est que les recettes de ce livre doivent constituer l'exception et non la règle dans votre alimentation du quotidien.

A propos des ingrédients exotiques |2

Je sais que des personnes vont me faire remarquer qu'il y a trop d'aliments exotiques dans les recettes, comme la noix de coco. L'importation d'aliments exotiques peut contribuer au changement climatique en raison des émissions de gaz à effet de serre liées au transport aérien ou maritime. Dans certains cas, ces produits peuvent être récoltés par une main d'œuvre sous-payée. Cela peut également être problématique pour l'agriculture locale, car les produits exotiques concurrencent les producteurs locaux.

Il est important de considérer ces impacts lorsque nous décidons de consommer des aliments exotiques et de favoriser autant que possible la consommation de produits locaux et de saison. Alors, pourquoi recommander l'usage de ces ingrédients ?

Comme indiqué au point précédent, l'idée n'est pas d'en faire un usage intensif, mais occasionnel. Ainsi, vos ingrédients exotiques doivent durer longtemps. Ensuite, si vos finances le permettent, choisissez des produits bio, issus de l'agriculture durable et équitable.

Chacun de nos achats est un vote pour le monde que l'on souhaite demain : donc acheter des produits de qualité douteuse, c'est encourager leurs fabricants à continuer dans cette voie. Enfin, il est toujours possible de trouver des alternatives locales, comme indiqué au point suivant.

3| Les alternatives à la noix de coco

Si le goût de la coco qui vous gène, il est possible de trouver de l'huile de coco désodorisée, sans traitement chimique. Ce procédé implique la projection de vapeur d'eau à travers l'huile, sous basse pression. La vapeur entraîne alors les différents composants volatiles qui composent le parfum de la coco. Au final, on obtient une huile de coco parfaitement inodore et neutre en goût.

Si vous souhaitez une vraie alternative à l'huile de coco, vous pouvez vous tourner vers le ghee. Le ghee, qui est un beurre clarifié, a une saveur de noisette et peut être utilisé de la même manière que l'huile de coco dans les recettes de cuisson et de friture. De plus, le ghee est sans lactose et sans protéines du lait, ce qui est une option plus sûre pour les personnes allergiques ou intolérantes au lactose.

Vous pouvez faire votre ghee vous même à partir du beurre en suivant cette recette. Ou vous pouvez en trouver déjà tout fait dans certains magasins bio.

Nos boissons sans sucre |4

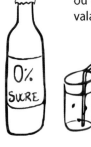

Dans ce livre, nous vous proposons des boissons sans sucre ajouté, comme des smoothies ou des cocktails sans alcool et sans sucre. Ce qui est indiqué au point 1/ est en particulier valable ici : ces boissons doivent-être consommées avec parcimonie.

En effet, il peut être plus facile de consommer trop de calories sous forme liquide par rapport à des aliments solides, car ils ne sont pas aussi rassasiants et peuvent passer rapidement dans le système digestif. Même si ces boissons sont «sans sucre ajouté», elles peuvent contenir beaucoup de fruits qui sont séparés de leur fibres. Au quotidien, il faut privilégier des boissons comme l'eau, le thé et le café, ainsi que des aliments solides nutritifs pour maintenir un poids de forme.

5| Le goût " pas assez sucré " des recettes

Lorsqu'on vient d'un monde où l'on consomme régulièrement des aliments sucrés, le passage aux recettes «sans sucre ajouté» peut-être assez troublant. En effet, beaucoup de personnes diront que certaines des recettes de ce livre peuvent-être «fades» ou, justement, pas assez sucrées. C'est normal : depuis tout petit nous sommes très (trop) régulièrement exposés au goût sucré. Ainsi, lorsqu'on s'apprête à goûter à un gâteau, on s'attend à l'avance à retrouver ce fameux goût sucré. Et avec une recette «sans sucre», une certaine déception peut alors apparaître. Par contre, dites vous que le «sans sucre» permet de retrouver d'autres goûts un peu trop souvent oubliés. Le goût des vrais fruits par exemple, à contrario des saveurs artificielles que l'on retrouve dans les produits industriels.

Si aujourd'hui vous pensez être accro au sucre, dîtes-vous que se débarrasser de votre addiction au goût sucré peut prendre du temps et nécessiter de la patience et de la persévérance. Les recettes de ce livre vont vous y aider, c'est certains. Et si vous souhaitez une aide extérieure pour y arriver plus rapidement, vous pouvez rejoindre mon programme Décrocher Du Sucre en 5 étapes.

Petits-déjeuners

Pancake super moelleux

Voici une nouvelle recette de pancake super moelleux et facile à réaliser. Utilisez cette recette lors de vos brunch et gardez-en pour vos petits-déjeuners de la semaine (s'il en reste ;)).
Natures ou accompagnés de petites baies, ces pancakes vous feront démarrer la journée en douceur.

PERSONNE
4

CUISSON
3 mn

PRÉPARATION
15 mn

INGRÉDIENTS

130 gr d'amandes entières ou de poudre d'amande

360 ml de lait d'amande non sucré

2 cuillères à soupe d'huile d'olive

2 oeufs

1 c.à.c d'extrait d'amande pur

50 gr de farine de coco

2 c.à.c de levure (ou 1 c.à.c de bicarbonate + 1 c.à.c de vinaigre/ jus de citron)

Une pincée de cannelle

DÉROULÉ

1. Dans un mixeur, ajouter la farine d'amande (OU mixer les amandes à haute vitesse jusqu'à ce qu'elles deviennent une farine grossière.)

2. Ajouter les ingrédients liquides en une seule fois et mixer.

3. Ajouter la cannelle, la levure et la farine de noix de coco et mélanger jusqu'à ce que le tout soit homogène. Ajouter une 1/2 cuillère à soupe supplémentaire de farine de noix de coco si le mélange a besoin d'être un peu plus épais.

3. Faites chauffer de l'huile de coco sur une plaque ou une poêle antiadhésive à feu moyen. Utiliser une petit louche de pâte à pancake et laissez cuire pendant environ 3/4 minutes avant de les retourner délicatement.

4. Une fois complètement cuites, elles sont un peu moins fragiles. Savourez ! Les restes se conservent bien, couverts au réfrigérateur, jusqu'à 3 jours.

Astuces : *accompagnez vos pancakes de différentes façons : poignées de baies, amandes hachées, compote de pommes (recette p67), etc.*

Le Porridge 3 minutes

Ce porridge paléo en 3 minutes est idéal pour les petits déjeuners des matins froids et pluvieux. 100% bon pour vous et rapide à faire, voici une recette pour se lever du bon pied !

PERSONNE
2

CUISSON
0 mn

PRÉPARATION
5 mn

INGRÉDIENTS

180 ml de lait d'amande

6 c.à.s de copeaux de noix de coco

3 c.à.s de farine d'amande

1 + 1/2 c.à.s de farine de lin

1/2 c.à.c d'extrait de vanille

Cannelle moulue et sel au goût

DÉROULÉ

1. Chauffer le lait d'amande dans une casserole à feu moyen pendant environ 1 minute jusqu'à ce qu'il soit chaud.

2. Ajouter le reste des ingrédients et faire cuire pendant 1 à 2 minutes jusqu'à ce que le mélange soit tendre.

<u>**Astuces :**</u> *accompagnez votre porridge de poires tranchées, lait d'amande, choco-grano (recette p.19) etc.*

Le Morning Bowl

Si vous êtes addict à votre bol de céréales du matin, cette recette sans gluten et paléo sera une excellente alternative. Ce Morning Bowl (bol du matin) est nutritif et parfait pour démarrer votre journée avec énergie. Suivez les étapes ci-dessous pour préparer votre propre morning bowl !

PERSONNE
2

CUISSON
0 mn

PRÉPARATION
5 mn

INGRÉDIENTS

4 c.à.s de noix finement hachées (noix de pécan…)

4 c.à.s de flocons de noix de coco non sucrés

2 c.à.s de farine de graines de lin

2 c.à.s de farine de noix de coco

1 c.à.s de graines de chia

½ c.à.c de cannelle

½ c.à.c d'extrait de vanille

250 ml de lait végétal au choix

Pincée de sel

½ c.à.s de pâte de dattes (optionnel)

DÉROULÉ

1. Dans un petit bol, mélanger les noix hachées, les flocons de noix de coco, la farine de graines de lin, la farine de noix de coco, les graines de chia, la cannelle, l'extrait de vanille et le sel.

2. Faire chauffer sans bouillir le lait végétal, puis le verser sur les ingrédients secs et remuer jusqu'à ce qu'il soit complètement mélangé.

3. Ajouter les garnitures de votre choix (fruits, baies, beurre d'amande) et déguster !

Astuces : *vous pouvez préparer à l'avance votre Morning Bowl en mélangeant les ingrédients secs et en les conservant dans un récipient. Le matin, vous n'aurez plus qu'à ajouter votre lait chaud !*

Les gaufres aux patates douces

Rien de tel que des gaufres chaudes pour commencer la journée. Celles-ci vont vous étonner, car elles sont faites avec de la patate douce ! La patate douce a l'avantage d'avoir un goût très léger et sucré. Vous pouvez donc l'utiliser comme liant dans vos recettes (cf notre recette de brownie p.69).

PERSONNE
4

CUISSON
5 mn

PRÉPARATION
10 mn

INGRÉDIENTS

3 œufs

250 ml de lait de coco

130 gr de purée de patate douce sans la peau

3 cuillères à soupe d'huile de noix de coco

120 gr de noix de cajou crues

1 cuillère à café de bicarbonate de soude

Deux pincée de sel

Huile de noix de coco (pour graisser le gaufrier)

DÉROULÉ

1. Couper une patate douce en morceaux et les faire cuire 15 mn dans de l'eau bouillante.

2. Une fois cuite, la réduire en purée et prélever 130 gr de cette purée.

3. Ajouter la purée et tous les ingrédients dans un mixeur. Les mélanger jusqu'à l'obtention d'une pâte lisse.

4. Graisser votre gaufrier chaud avec un peu d'huile de noix de coco.

5. Verser une louche de pâte dans votre gaufrier. Ouvrir le gaufrier et vérifier que la gaufre est bien croustillante. Selon les goûts, laissez la gaufre cuire jusqu'à ce qu'elle atteigne le degré de cuisson souhaité. Répéter l'opération jusqu'à ce qu'il n'y ait plus de pâte.

Astuces : *dégustez ces gaufres avec du beurre de cacahuète ou en mode «sandwich» avec du saumon fumé, de la salade et quelques crudités. Réchauffez-les dans votre grille pain pour plus de croustillance.*

Le choco-grano

Ce granola paléo au chocolat et à la noix de coco est une collation savoureuse et croquante qui vous permettra de faire le plein d'énergie toute la matinée ! Avec sa base de coco et de noix, ce granola fera un excellent petit-déjeuner sans gluten. Dégustez-le avec ou sans lait végétal.

PERSONNE
4

CUISSON
2h30

PRÉPARATION
25 mn

INGRÉDIENTS

240 gr d'amandes crues (ou un mélange de vos noix préférées)

190 gr de graines de courge

60 gr de flocons de noix de coco non sucrés

2 c.à.s de graines de chia

3 c.à.s de cacao en poudre

80 gr d'huile de coco

2 c.à.c d'extrait de vanille

½ c.à.c de sel

50 gr de chocolat noir

DÉROULÉ

1. Faire tremper les amandes et les graines de courge dans de l'eau avec une pincée de sel toute la nuit ou pendant environ 8 heures (le trempage préalable des noix élimine les inhibiteurs d'enzymes, ce qui les rend plus faciles à digérer).

2. Préchauffer le four à 120°C. Faire fondre l'huile de coco.

3. Pendant ce temps, rincer les amandes puis les sécher avec une
serviette en tissu.

4. Hacher les noix en gros morceaux, ou les placer dans le bol d'un robot culinaire pour les mixer brièvement jusqu'à ce qu'elles soient grossièrement hachées.

5. Dans un grand bol, mélanger les noix hachées, la noix de coco en flocons, les graines de chia et la poudre de cacao.

6. Ajouter l'huile de noix de coco fondue, l'extrait de vanille et le sel marin aux ingrédients liquides. Mélanger.

7. Placer le granola sur une plaque recouverte de papier sulfurisé et faire cuire pendant environ 2h30 à 3h00, en remuant toutes les 30 min.

8. Laisser refroidir légèrement, puis incorporer le chocolat noir haché. Laisser refroidir complètement et le déguster !
Conserver au réfrigérateur.

Le muffin citron pavot

Vous aimez les muffins et la tarte au citron ? Voici alors un savoureux mélange de ces deux pâtisseries, en version sans sucre bien sûr ! Ces muffins au citron et aux graines de pavot sont moelleux et débordent d'arômes de citron. Appréciez-les au petit-déjeuner ou comme en-cas de la journée.

PERSONNE
4

CUISSON
25 mn

PRÉPARATION
15 mn

INGRÉDIENTS

3 œufs

2 c.à.c d'extrait de vanille

120 ml d'huile végétale

2 citrons, zestes et jus

2 c.à.c de levure chimique

1/2 c.à.c de sel

200 gr de farine d'amande

1 c.à.s de graines de pavot

DÉROULÉ

1. Préchauffer le four à 180°C. Tapisser un moule à muffins de caissettes en papier ou utiliser de l'huile végétale pour graisser les cavités des muffins.

2. Battre les œufs dans un grand bol. Ajouter l'extrait de vanille, l'huile végétale, le zeste de citron (environ 2 cuillères à café). Fouetter le tout, puis ajouter la levure chimique, le sel et 60ml de jus de citron. Bien mélanger pour combiner.

3. Ajouter la farine d'amande et mélanger complètement. Incorporer les graines de pavot.

4. Répartir la pâte dans neuf moules à muffins.

5. Faire cuire au four pendant 25 minutes ou jusqu'à ce qu'un cure-dent en ressorte propre. Veiller à ne pas trop les cuire, car cela les dessèche.

6. Laisser refroidir les muffins avant de les servir

Le cake aux amandes

Qui a dit qu'il fallait que des recettes soient compliquées pour être bonnes ? Chez BMoove, on aime la simplicité et ce cake en est la représentation parfaite. Savourez-le avec votre boisson chaude du matin. Ajoutez les zestes de l'agrume de votre choix, elles se marient toutes très bien aux notes d'amandes du cake.

PERSONNE
4

CUISSON
35 mn

PRÉPARATION
10 mn

INGRÉDIENTS

240 gr de farine d'amande

1 c.à.c de levure chimique

1/2 c.à.c de cannelle moulue

1/2 c.à.c de sel

4 œufs

60 ml d'huile de coco

1 banane

1 c.à.c d'extrait de vanille pure

1 c.à.c de zeste de citron

DÉROULÉ

1. Préchauffer le four à 180°C avec la grille au milieu. Enduire généreusement un moule à charnière d'huile végétale.

2. Dans un bol moyen, mélanger la farine d'amande, la levure, la cannelle et le sel.

3. Dans un grand bol, fouetter la banane, les œufs, l'huile, la vanille et le zeste de citron jusqu'à ce que le mélange soit homogène.

4. Incorporer les ingrédients secs à l'aide d'une cuillère jusqu'à ce qu'ils soient combinés.

5. Verser la pâte dans le moule préparé et faire cuire 30 à 35 minutes jusqu'à ce qu'elle soit dorée de partout et ferme sur le dessus.

6. Passer un couteau autour des bords pour les détacher et laisser refroidir avant de servir.

Astuces : *Ce cake est encore meilleur le deuxième et troisième jour ;)*

Le bowl aux baies

Le Bowl aux Baies est le parfait mélange d'un smoothie et d'un bol du matin.
Celui-ci, composé de baies (pauvres en sucre) et d'une garniture croquante à la noix de coco, vous rassasiera toute la matinée. N'hésitez pas à le modifier et à y ajouter vos propres fruits préférés.

PERSONNE
2

CUISSON
5 mn

PRÉPARATION
10 mn

INGRÉDIENTS

1 c.à.c d'huile de noix de coco

30 gr de noix de coco non sucrée

2 c.à.s d'amandes effilées

1 c.à.s de graines de sésame

220 gr d'un mélange de baies fraîches ou surgelées (cassis, framboises, myrtille..)

2 bananes moyennes

360 ml de lait d'amande

Une pincée de sel

DÉROULÉ

1. Préparer la garniture : dans une petite poêle à feu moyen, chauffer l'huile de noix de coco.
Ajouter la noix de coco, les amandes et les graines de sésame et les faire griller, en remuant souvent, jusqu'à ce qu'elles soient légèrement dorées.

2. Retirer du feu. Transférer dans une assiette et laisser refroidir avant de les casser en petits morceaux.

3. Préparer un bol pour mixer les baies, les bananes, le lait d'amande et le sel. Mixer jusqu'à obtenir un mélange homogène et le répartir dans deux bols.

4. Garnir de fruits frais et de saison.

Le Curcuyourt

Voici la preuve que le curcuma s'adapte parfaitement aux desserts ! Dans cette recette de yaourt, le côté terreux de l'épice s'associe parfaitement à la douceur de la noix de coco et de la mangue. Consommez le curcuyourt dès le matin vous permet de faire le plein d'énergie et de bénéficier des nombreuses qualités anti-inflammatoires du curcuma.

PERSONNE
4

CUISSON
0 mn

PRÉPARATION
5 mn

INGRÉDIENTS

3 mangues, épluchées, chair hachée (ou 750 gr de mangues surgelées)

1 kg de yaourt à la noix de coco sans lactose

1 c.à.s de curcuma moulu (plus un supplément pour servir)

1 c.à.c de pâte de gousse de vanille

DÉROULÉ

1. Mixer la mangue dans un mixeur jusqu'à ce qu'elle soit bien lisse.

2. Placer la mangue mixée dans un bol avec tous les autres ingrédients et mélanger.

3. A l'aide d'une poche à douilles, répartir la crème dans quatre verres.

4. Saupoudrer d'un peu de curcuma supplémentaire (en option)

Le Muffin banane pécan

Ces muffins délicieusement moelleux et légers sont parfaits pour toute la famille ! Ils sont très faciles à préparer et respectent le régime paléo. Ces muffins à la banane sont pratiquent à emporter. Vous pourrez aussi les utiliser en collation du matin.

PERSONNE
4

CUISSON
25 mn

PRÉPARATION
10 mn

INGRÉDIENTS

3 bananes assez mûres

60 gr de farine de tapioca

240 gr de farine d'amandes

2 oeufs

60 ml d'huile de coco

1 c.à.c de cannelle moulue

1 c. à c de bicarbonate de soude

1/2 gousse de vanille

75 gr de noix de pécan hachées

Une pincée de sel

DÉROULÉ

1. Préchauffer le four à 180°C. Placer des moules à muffins dans le plateau et les enduire d'huile de noix de coco. Les mettre de côté.

2. Éplucher et écraser les bananes à l'aide d'une fourchette dans un grand bol, ajouter l'huile de coco, la farine d'amande, la farine de tapioca, le bicarbonate de soude, la cannelle, le sel et mélanger jusqu'à obtenir une texture lisse et crémeuse.

3. Couper la gousse de vanille en deux dans le sens de la longueur et retirer les graines avec le dos d'un couteau, les ajouter au mélange, ainsi que les noix hachées.
Garder quelques noix hachées pour la garniture.

4. Ajouter les œufs un par un en mélangeant bien à chaque ajout.

5. Transférer la pâte dans le moule à muffins préparé et faire cuire pendant 20-25 minutes.

6. Pour vérifier si les muffins ont fini de cuire, insérer un cure-dent au centre d'un muffin. S'il en ressort propre, les muffins sont prêts.
Les sortir du four et les laisser refroidir complètement.

En-cas

Le cake banane coco

Vous savez comme nous sommes fan des banana bread chez BMoove. Voici donc une nouvelle recette qui s'ajoute à votre liste et qui est tout aussi savoureuse que celle déjà présente sur notre site. Naturellement sucré, sans produits laitiers et paléo-friendly, il ne pourra que vous plaire.

PERSONNE
4

CUISSON
40 mn

PRÉPARATION
15 mn

INGRÉDIENTS

3 œufs

4 bananes mûres

2 cuillères à café d'extrait de vanille pure

60 gr de farine de noix de coco

3 cuillères à soupe de farine de tapioca

1/2 cuillère à café de sel

2 cuillères à café de cannelle moulue

1 cuillère à café de bicarbonate de soude

DÉROULÉ

1. Préchauffer le four à 180 degrés et enduire un moule à cake d'huile de coco ou bien mettre du papier sulfurisé

2. Dans un mixeur, mettre les bananes, les œufs et l'extrait de vanille et mixer le tout.
(si vous n'avez pas de mixeur, vous pouvez aussi mettre les ingrédients dans un grand bol. Utilisez une fourchette pour écraser et fouettez jusqu'à ce que les ingrédients soient bien mélangés)

3. Ajouter la farine de noix de coco, la farine de tapioca, la cannelle moulue, le bicarbonate de soude et le sel marin (ingrédients secs) et mélanger jusqu'à ce que tout soit bien homogène.

4. Transférer la pâte dans le moule à cake et faites cuire sur la grille centrale du four préchauffé pendant 40 à 45 minutes.

5. Quelques minutes avant la fin de la cuisson, planter un couteau au milieu du cake pour vérifier qu'il est cuit : il doit en ressortir sec.

6. Laisser le cake refroidir pendant au moins 30 minutes avant de le couper en tranches et de le servir.

Les Energy Balls

Ces Energy Balls (boules d'énergie) portent bien leur nom ! Le mélange de noix, de fruits secs et de cannelle vous envoie une dose d'énergie en une seule bouchée. Les petits comme les grands vont adorer leur saveur super chocolatée et leur texture moelleuse.

PERSONNE
4

CUISSON
0 mn

PRÉPARATION
15 mn

INGRÉDIENTS

120 gr de raisins secs

120 gr de noix de cajou non salées

30 gr de cacao en poudre

1 c.à.c d'extrait de vanille

Une pincée de sel

Une pincée de cannelle

40 gr de noix de coco râpée

DÉROULÉ

1. Placer les raisins secs dans un bol et les couvrir d'eau chaude. Les laisser tremper pendant 5 minutes pour les ramollir, puis les égouter.

2. Placer la noix de coco râpée dans une assiette et la mettre de côté.

3. Ajouter les raisins secs et tous les autres ingrédients, sauf la noix de coco râpée, dans un robot et mixer jusqu'à ce que le mélange prenne la consistance du sable.

4. À l'aide d'une cuillère ou de vos mains, prélever la pâte puis former une boule avec les paumes de vos mains.

5. Rouler chaque boule sur la noix de coco râpée et les déposer sur une assiette recouverte de papier sulfurisé ou dans un récipient hermétique.

6. Mettre les boules au frais pendant 30 minutes avant de les déguster.

__Astuces :__ Les boules se conservent au réfrigérateur dans un contenant hermétique jusqu'à une semaine.

Les crêpes plantains

Comme pour les pancakes et les banana bread, il existe de nombreuses variantes de recettes de crêpes. La nouveauté pour celle-ci réside dans l'utilisation de la banane plantain. Accompagnez les crêpes plantains du beurre d'oléagineux de votre choix. Bonne dégustation !

PERSONNE
2

CUISSON
5 mn

PRÉPARATION
5 mn

INGRÉDIENTS

2 bananes plantains moyennes

4 œufs

120 ml d'eau ou de lait de coco

60 ml (ou 4 cuillères à soupe) d'huile de noix de coco ou de ghee

DÉROULÉ

1. Peler et hacher grossièrement les bananes plantains et les mettre dans un mixeur.

2. Ajouter les autres ingrédients, bien mixer jusqu'à obtenir une pâte uniforme.

3. Chauffer une poêle à feu moyen-doux. Badigeonner d'huile de noix de coco.

4. Ajouter une louche de pâte à crêpe dans la poêle et faire tourner en une couche uniforme.

5. Faire cuire à feu doux des deux côtés. C'est prêt !

Astuces : *Attention, ces crêpes sont potentiellement plus cassantes que les crêpes au blé. Laissez-les cuire un peu plus longtemps et retournez-les avec précaution.*

Les muffins à la carotte

Denses et nutritifs, ces muffins à la carotte sauront vous rassasier tout au long de la journée. Le très léger goût de carotte mélangé aux noix et aux raisins secs vous permet de consommer ces muffins aussi bien en mode salé qu'en mode sucré.

PERSONNE
4

CUISSON
20 mn

PRÉPARATION
10 mn

INGRÉDIENTS

80 gr de farine de lin

30 gr de noix

1 c.à.s de farine de noix de coco

1 c.à.c de bicarbonate de soude

½ c.à.c de cannelle

80 gr de raisins secs

3 œufs

2 c.à.s d'huile de coco

1 grosse carotte

Une pincée de sel

DÉROULÉ

1. Préchauffer le four à 180°C et tapisser 8 moules à muffins de caissettes en papier ou d'huile de coco.

2. Dans un robot culinaire, mélanger la farine de lin, les noix et la farine de noix de coco jusqu'à ce que le tout ressemble à du sable grossier. Ajouter le bicarbonate de soude, le sel et la cannelle et mixer quelques fois pour combiner.

3. Ajouter les raisins secs et mixer, jusqu'à ce qu'ils soient hachés grossièrement (le mélange ne doit pas être lisse).

4. Ajouter les œufs et l'huile de noix de coco fondue et mixer quelques fois pour les incorporer.

5. Incorporer la carotte râpée.
Déposer la pâte à muffins dans les moules à muffins préparés. Faire cuire 20 minutes, ou jusqu'à ce qu'un cure-dent en ressorte propre.

6. Laisser refroidir les muffins pendant 45 minutes avant de les manger.

Astuces : *Si vous souhaitez sentir plus le goût de la carotte, incorporez-la mixée et non râpée.*

Les truffes glacées choco avocat

Cette recette fait partie de nos favorites. L'association du chocolat noir et de l'avocat crée un résultat gourmand et onctueux. Très facile à réaliser, cet en-cas original impressionera vos convives.

PERSONNE
3

CUISSON
1h00

PRÉPARATION
10 mn

INGRÉDIENTS

1 avocat mûr

160 gr de beurre de noix de coco (ou 100 ml d'huile de coco)

1 c.à.c d'extrait de vanille pure

110 gr de chocolat noir (au moins 80%)

Sel

DÉROULÉ

1. Dans un robot culinaire, mixer l'avocat avec le beurre de noix de coco, la vanille et une pincée de sel jusqu'à obtenir une texture lisse.

2. Transférer dans un récipient résistant à la congélation et congeler jusqu'à ce que le mélange soit ferme, au moins 30 minutes.

2. Tapisser une plaque de papier sulfurisé. Avec les mains humides, former des boules avec le mélange d'avocats (environ 1 cuillère à soupe chacune) et les disposer sur la plaque préparée. Remettre au congélateur pour durcir, au moins 15 minutes.

3. Faire fondre le chocolat au bain marie et y tremper chaque boule d'avocat à la main (utiliser une cuillère pour la récupérer et tapoter doucement pour enlever l'excès de chocolat).

4. Disposer les boules sur la plaque à pâtisserie. Remettre au congélateur jusqu'à ce que le chocolat soit durci, environ 15 minutes.

5. Servir froid ou conserver dans un contenant hermétique au congélateur.

Les Muffins pomme-myrtille

Savourez ces muffins pommes/myrtilles sains et sans sucre au petit-déjeuner ou au goûter ! Chargés de pommes, de cannelle et de myrtilles, ils plairont sans aucun doute à toute la famille. Allez-vous réussir à ne pas tous les dévorer en une seule journée ?

PERSONNE
3

CUISSON
20 mn

PRÉPARATION
5 mn

INGRÉDIENTS

90 gr de farine végétale de votre choix

1 c.à.c de levure chimique

1/2 c.à.c de cannelle

75 gr de myrtilles écrasées

120 ml de lait d'amande

1 œuf

1 c.à.c d'extrait de vanille

1 petite pomme

Une pincée de sel

DÉROULÉ

1. Préchauffer le four à 200°C. Huiler les moules à muffins et découper les pommes en petits dés.

2. Dans un grand bol, mélanger la farine, la levure chimique, le sel et la cannelle.

3. Faire un puits au milieu du bol et ajouter les myrtilles, le lait, l'œuf et la vanille. Mélangez à l'aide d'une fourchette jusqu'à ce que tous les ingrédients soient combinés.

4. Incorporer délicatement les pommes, en remuant pour bien les mélanger.

5. Déposer le mélange à la cuillère dans votre moule à muffins de façon uniforme.

6. Faire cuire au four pendant 20/22 minutes, ou jusqu'à ce que les côtés des muffins soient légèrement dorés. Les retirer du four et les laisser refroidir pendant 10 minutes avant de les retirer du moule.

Astuces : *au lieu de la pomme, vous pouvez utiliser une banane écrasée, une purée de patates douces ou de courge butternut, des baies fraîches ou des morceaux de pêches. En option, ajoutez du gingembre, de la muscade, des noix de pécan, des amandes hachées ou des pépites de chocolat noir pour un côté plus gourmand.*

Les cookies au beurre d'amandes

Il n'y a rien de plus satisfaisant qu'un cookie chaud tout juste sorti du four.
Sans produit laitier, sans gluten, paléo et bien sûr sans sucre ; Ces cookies sont sains et remplis de saveurs. Vous pouvez remplacer le beurre d'amande par du beurre de cacahuète.

 PERSONNE 3

 CUISSON 10

 PRÉPARATION 10 mn

INGRÉDIENTS

240 gr de beurre d'amande non sucré

30 gr de farine d'amande

1 c.à.c d'extrait de vanille

1 œuf

½ c.à.c de sel

50 gr de pépites de chocolat (minimum 80%)

DÉROULÉ

1. Préchauffer votre four à 180°C. Tapisser une plaque de papier sulfurisé et la mettre de côté.

2. Dans un grand bol, à l'aide d'une cuillère, mélanger le beurre d'amande, la farine d'amande, la vanille, l'œuf, les pépites de chocolat et le sel jusqu'à ce que tout soit bien combiné.

3. Faire des boules de pâte sur votre plaque, en les espaçant de 5cm. Appuyez légèrement pour aplatir les cookies.

4. Faire cuire au four pendant 10 minutes, ou jusqu'à ce qu'ils soient légèrement dorés.

5. Laisser les biscuits refroidir sur la plaque à biscuits pendant 5 minutes, puis les transférer sur une grille pour qu'ils refroidissent complètement.

6. Les conserver dans un contenant hermétique à la température ambiante.

Astuces : *Les cookies doivent être moelleux en leur centre. Regardez donc régulièrement votre four. Dès qu'ils sont légèremment dorés, sortez-les ! Ils continueront à cuire sur la plaque.*

Les Magic Balls au Vinaigre de Cidre

Tenez-vous prêt, elles vont vous réveiller ! Ces petites boules sont remplies d'ingrédients paléo qui ont des effets bénéfiques prouvés sur la santé, comme le curcuma moulu (excellent contre l'inflammation) et le vinaigre de cidre de pomme (détoxifiant et riche en antioxydants). Essayez-les ! Elles sont aussi belles visuellement que bonnes gustativement.

PERSONNE
3

CUISSON
0 mn

PRÉPARATION
15 mn

INGRÉDIENTS

180 gr de noix de cajou

120 gr de noix de coco finement râpées

Zeste de 2 citrons (si possible bio)

60 ml de vinaigre de cidre de pomme

1 c.à.s d'huile de noix de coco fondue

1 petite c.à.c de curcuma moulu

DÉROULÉ

1. Placer tous les ingrédients dans un mixeur et mélanger jusqu'à avoir une pâte uniforme (attention, la pâte est assez dense. Si votre mixeur n'est pas très puissant, le mieux est mixer / mélanger / mixer / mélanger… jusqu'à l'obtention de la consistance souhaitée).

2. Utiliser ses mains pour rouler le mélange en boules de la taille d'une bouchée.

3. C'est prêt ! Conserver au réfrigérateur jusqu'à une semaine.

Les Chips Pomme Cannelle

Les chips de pommes sont des pommes finement tranchées, légèrement saupoudrées de cannelle, puis cuites au four jusqu'à ce qu'elles soient agréablement croustillantes. Une recette très simple dont on parle rarement. Contrairement aux chips de pommes qu'on peut acheter en grande surface, cette recette n'utilise pas de sucre, ce qui la rend très saine.

PERSONNE
12

CUISSON
2h30

PRÉPARATION
20 mn

INGRÉDIENTS

3 grosses pommes croquantes

1/2 c.à.s de cannelle moulue

DÉROULÉ

1. Placer les grilles dans les tiers supérieur et inférieur de votre four et préchauffer le four à 90°C. Tapisser deux plaques de papier sulfurisé.

2. Laver les pommes puis les vider. À l'aide d'une mandoline ou d'un couteau très aiguisé, couper les pommes horizontalement en fines rondelles (environ 3 mn d'épaisseur).

3. Disposer les pommes en une seule couche sur les plaques préparées. Saupoudrer de cannelle. Faire cuire pendant 2/2h30, jusqu'à ce qu'un seul morceau de pomme retiré du four soit croustillant lorsqu'on l'expose à température ambiante pendant 2 à 3 minutes (le temps de cuisson total variera en fonction de la teneur en eau de vos pommes).

Astuces : *Conservez les croustilles de pommes cuites dans un contenant hermétique à température ambiante jusqu'à une semaine. Vous pouvez les déguster hachées et saupoudrées sur du yogourt avec du granola, sur des salades ou à même le contenant !*

Pudding aux graines de chia

Ce pudding est une excellente source d'oméga-3 et de fibres. Grâce aux graines de chia, il suffit d'ajouter quelques ingrédients naturels simples pour préparer un délicieux pudding. Les graines de chia, lorsqu'elles sont mises dans un liquide, gonflent et transforment le mélange liquide en une texture gélatineuse, créant ainsi un pudding.

 PERSONNE 4

 CUISSON 0

 PRÉPARATION 5 mn

INGRÉDIENTS

1 poignée de fraises fraîches

300 ml de lait d'amande ou lait de coco

1 c.à.c de gousse de vanille

50 gr de graines de chia

DÉROULÉ

1. Dans un mixeur, ajouter les fraises fraîches, le lait d'amandes et la vanille. Mixer jusqu'à ce que les fraises soient complètement réduites en purée et que le tout soit homogène.

2. Ajouter le mélange dans un bol moyen avec les graines de chia. À l'aide d'une cuillère, mélanger le tout. Couvrir et laisser reposer pendant 4 heures ou toute la nuit.

3. Servir !

Astuces : *garnissez de fruits frais de saison ou de coulis de fruits fait-maison ou de fèves de cacao.*

Desserts

Les boules façon Rocher

Voici une autre de nos recettes favorites : les boules façon rocher (elles vont vous faire tomber) !
Ces boules renferment un vrai concentré d'énergie grâce aux dattes, aux oléagineux et au cacao dont
elles sont composées. Après les avoir goûtées, vous ne serez même plus tenté par la version industrielle
chargée en sucre. Ces boules façon Rocher deviendront une de vos collations préférées ;)

PERSONNE

10

CUISSON

0

PRÉPARATION

15 mn

INGRÉDIENTS

100 gr de dattes dénoyautées

30 gr d'éclats de noisettes

5 gr de purée de noisettes

10 g de poudre de cacao pure, sans sucre

une pincée de sel

Pour le fourrage :

30 g de purée d'amandes complètes

10 noisettes torréfiées

DÉROULÉ

1. Faire tremper les dattes dénoyautées 5 min dans de l'eau très chaude.

2. Incorporer les dattes dans un blender et les mixer pour obtenir une pâte.

3. Ajouter le cacao non sucré, la purée de noisettes, les éclats de noisettes et la pincée de sel puis mélanger.

4. Former des boules avec vos mains, puis les ouvrir en deux pour y mettre une noisette et un peu de purée d'amandes. Refermer la boule et la déguster !

Astuces : *Se converse dans une boîte hermétique au frais pendant 6 à 7 jours.*

Le sorbet du soleil

Voici un concentré de soleil en sorbet ! Ce sorbet maison raffaraîchissant accompagnera parfaitement vos fins de repas ou les journées chaudes d'été ! Doux, soyeux et digeste, c'est un dessert délicieux pour toute occasion.

 PERSONNE
4

 CUISSON
0

 PRÉPARATION
5 mn

INGRÉDIENTS

650 gr d'un mélange de fruits congelés du soleil coupés en morceaux (ananas, mangue, papaye...)

20 cl de lait de coco ou tout autre lait végétal

DÉROULÉ

1. Sortir les fruits congelés et les laisser 5 minutes à l'extérieur pour qu'ils ramollissent légèrement.

2. Incorporer les fruits dans le mixeur progressivement jusqu'à obtenir un granité grossier, puis petit à petit, incorporer le lait végétal

3. La texture sera alors de plus en plus onctueuse. Il suffit d'arrêter quand la texture ressemble à un sorbet.

4. Server de suite ou conserver dans une boite hermétique au congélateur (dans ce cas, à sortir 20 minutes avant dégustation).

Les barres beurre de cacahuète & cacao

Si vous connaissez les Reese's (biscuit américain de beurre de cacahuète enrobé de chocolat), cette recette est une parfaite alternative sans sucre ! Pour les adeptes du beurre de cacahuète, c'est certain, vous allez les adorer. Les barres ne nécessitent pas de cuisson et sont formées de deux couches : l'une de beurre de cacahuète et l'autre de cacao brut.

PERSONNE
6

CONGÉLATION
1h00

PRÉPARATION
15 mn

INGRÉDIENTS

125 gr de beurre de cacahuète

135 gr de farine d'amande

2 c.à.s de lait végètal de votre choix

25 gr de pépites de chocolat noir

1 c.à.c d'extrait de vanille

1 c.à.s de poudre de cacao

1 c.à.s de beurre d'amande

DÉROULÉ

1. Ajouter le beurre de cacahuète, le lait, la farine d'amande et les pépites de chocolat dans un robot culinaire et mixer jusqu'à ce que la pâte soit crémeuse.

2. Recouvrir un moule à cake de papier sulfurisé et prélever environ les 3/4 de la pâte du robot et l'étaler dans le moule pour former la couche inférieure.

3. Ajouter la poudre de cacao et le beurre d'amande au robot avec le reste de la pâte et mixer à nouveau jusqu'à obtenir une consistance crémeuse.

4. Etaler la pâte au cacao sur le dessus de la couche inférieure et la mettre au congélateur pour qu'elle durcisse pendant environ une heure.

5. Couper la préparation en barres et déguster ! Les conserver au réfrigérateur pendant une semaine ou au congélateur pendant plus longtemps.

La mousse choco avocado

On ne pouvait pas créer un livre de recettes sans mousse au chocolat ! Cette recette met une nouvelle fois en valeur le parfait accord du cacao et de l'avocat. Découvrez ici une mousse au chocolat riche, douce et soyeuse, faite avec de l'avocat et sucrée avec des dattes

PERSONNE
1 à 2

CUISSON
0

PRÉPARATION
10 mn

INGRÉDIENTS

1 gros avocat mûr

3 à 6 dattes dénoyautées (si vous souhaitez plus ou moins sucrer)

1 c.à.s de poudre de cacao brut

Une pincée de poudre de vanille ou d'extrait de vanille

50 ml de lait de noix de coco, d'eau de coco ou d'eau

Une c.à.c de cannelle

Une pincée de sel

DÉROULÉ

1. Couper en deux, dénoyauter et vider la chair de l'avocat. Faire tremper les dattes dans l'eau chaude jusqu'à ce qu'elles soient molles pour enlever la peau.

2. Ajouter tous les ingrédients dans un robot et mélanger jusqu'à obtenir une consistance lisse. Ajouter du liquide si nécessaire.

Astuces : *il est possible d'agrémenter la mousse avec des ingrédients de votre goût. Exemples : ajoutez de la menthe ou bien des zestes d'orange.*

Les tartelettes cacao coco sans cuisson

Une nouvelle recette de dessert sans cuisson, parce qu'on adore vous faciliter la vie ! Le chocolat à l'orange est une combinaison classique de saveurs que nous aimons beaucoup. Cette association est rendue plus facile et meilleure par les incroyables nutriments proposés.

PERSONNE
10

CUISSON
1h00

PRÉPARATION
15 mn

INGRÉDIENTS

Pour la base :
75 gr de noix de coco râpée

190 gr de graines mélangées (graines de courges, de lin, de sarrasin...)

120 gr de dattes

4 c.à.s d'huile de noix de coco

Pour la crème cacao/coco :
2 avocats

60 ml d'huile de noix de coco

1 c.à.c de vanille

Zeste d'orange

60 gr de poudre de cacao brut

DÉROULÉ

1. Dans un robot, broyer les ingrédients de la base jusqu'à ce qu'un crumble collant se forme. Etaler ensuite le mélange dans un moule à gâteau rectangulaire ou carré. Lisser la pâte avec le dos d'une cuillère et la placer au congélateur pour la faire durcir pendant la préparation de la crème.

2. Dans un robot, mixer tous les ingrédients de la crème jusqu'à ce qu'ils soient lisses et crémeux.

3. Retirer votre moule avec la pâte du congélateur et étaler la crème cacao/coco uniformément sur la couche de base. Remettre le tout au congélateur pendant 1 heure.

4. Retirer du congélateur 5 à 10 minutes avant de découper les tartelettes et les servir.

Astuces : *Après les avoir congelés 1h00, vous pouvez les conserver dans votre frigo.*

L'omelette sucrée

Oui, oui, vous avez bien lu le titre de cette recette : une omelette...sucrée !
Cela peut paraître étrange sur le moment, mais croyez-nous, vous n'allez pas le regretter. L'oeuf ayant un goût neutre, il s'accorde très bien avec les fruits. Avec sa texture fondante, vous n'en ferez qu'une bouchée !

 PERSONNE 1

 CUISSON 5 à 7 mn

 PRÉPARATION 10 mn

INGRÉDIENTS

3 oeufs (à adapter suivant votre appétit)

1 c.à.c de curcuma en poudre

1 c.à.c de gingembre en poudre

1 poignée de myrtilles (fraiches ou congelées)

1 c.à.c de cacao 100 %

1 c.à.c de graines de chia

1 c.à.c d'huile de coco

Noix de coco râpée et déshydra-tée (facultatif)

DÉROULÉ

1. Déposer les myrtilles dans une poêle avec l'huile de coco et faire revenir à feu très doux (les fruits ne doivent pas «cramer»).

2. Pendant ce temps, battre les œufs en omelette en y incorporant le curcuma et le gingembre.

3. Quand le mélange est homogène, déposer les œufs battus dans la poêle et laisser cuire à feu doux avec un couvercle.

4. Quelques minutes avant que l'omelette ne soit complètement cuite, soupoudrer avec le cacao.

5. Lorsque l'omelette est cuite à votre goût, et que le cacao est légèrement fondu, servir l'omelette dans une assiette.

6. Saupoudrer avec les graines de chia et éventuellement avec la noix de coco râpée.

7. Bon appétit !

<u>Astuces :</u> *vous pouvez remplacer les myrtilles 1 banane coupée en rondelles ou 1 pomme coupée en quartiers ou tout autre fruit de votre choix.*

Compote de pommes

Une bonne compote de pommes n'a pas besoin de sucre ajouté, car elle en regore déjà sufisamment naturellement. Le goût de votre compote variera selon la variété de pommes que vous utilisez. Comme le banana bread pour vos bananes trop mûres, la compote est une excellente solution pour utiliser vos pommes qui commencent à se fripper.

PERSONNE
12

CUISSON
15 mn

PRÉPARATION
10 mn

INGRÉDIENTS

800 g de pommes

1 jus de citron

cannelle ou vanille

DÉROULÉ

1. Détailler les pommes épluchées en quartiers et les émincer en tranches fines ou petits dés pour que la cuisson soit plus courte (privilégiez une cuisson courte pour garder plus de vitamines).

2. Placer les pommes dans une casserole.

3. Verser un petit fond d'eau avec le jus d'un citron.

4. Ajouter la vanille ou la cannelle selon vos goûts. Cuire lentement et à couvert 15 minutes environ.

5. Quand la compote est cuite à votre goût, placer au frais.

6. A déguster froid ou tiède !

Astuces : *cette recette peut être utilisée comme base pour vos tartes aux pommes (non sucrées). Dans ce cas, prolongez la cuisson à feu doux et à découvert pour obtenir une compote desséchée. Elle accompagnera également parfaitement votre cake aux amandes (recette p.23).*

Le Brownie Paléo

Voici une excellente alternative au classique brownie sucré que nous avons l'habitude de manger. Le mélange de la patate douce et du beurre d'amande est délicieux et vous permet d'obtenir un brownie moelleux et léger. A déguster en dessert ou au goûter !

PERSONNE
12

CUISSON
25 mn

PRÉPARATION
15 mn

INGRÉDIENTS

500 gr de patates douces (pesés sans la peau)

90 gr de beurre d'amandes

20 gr de cacao sans sucre

1 c. à c de levure

2 oeufs

20 gr de pépites de chocolats 100%

DÉROULÉ

1. Couper grossièrement en morceaux les 500 gr de patate douce sans la peau.

2. Faire bouillir de l'eau dans une casserole. Lorsque l'eau commence à bouillir, ajouter les morceaux de patate douce et laisser cuire 15 minutes.

3. Préchauffer votre four à 180 degrés.

4. Une fois les morceaux cuits, les réduire en purée puis les mélanger dans un grand bol avec le beurre d'amande (ou beurre de cacahuète), le cacao et la levure chimique.

5. Ajouter 2 œufs et mélanger jusqu'à obtenir un mélange homogène. Ajouter le chocolat noir haché.

6. Recouvrir votre moule carré de papier sulfurisé et y verser la pâte à l'intérieur.

7. Décorer la surface avec du beurre d'amande et faire cuire au four pendant 25 minutes.

8. Une fois cuit, laisser refroidir complètement avant de le couper et de le déguster.

Panna Cotta & coulis de fruits rouges

La Panna Cotta n'est pas une recette complexe et vous allez adorer sa facilité de réalisation. Les ingrédients nécessaires se trouvent probablement dans votre réfrigérateur et ne demandent qu'à être transformés en cette délicieuse Panna Cotta sans sucre. Ce dessert peut être servi nature ou accompagné d'un coulis de fruits.

PERSONNE

6

CUISSON

0 mn

PRÉPARATION

10 mn

INGRÉDIENTS

Pour la Panna Cotta :

200 ml de lait d'amande ou lait de coco

200 ml de crème de coco

1 gousse de vanille ou 2 c.à.c d'extrait de vanille

3 feuilles de gélatine

Pour le coulis :

250 gr de fruits rouges frais ou surgelés

1 c. à c d'extrait de vanille

DÉROULÉ

1. Faire tremper les 3 feuilles de gélatine dans un bol d'eau froide. Dans une casserole, ajouter le lait d'amande, la crème de coco et les graines de gousse de vanille puis remuer à feu moyen. Faire chauffer jusqu'à ce que le mélange soit juste en dessous du point d'ébullition.

2. Retirer du feu et ajouter les feuilles de gélatine égouttées. Fouetter jusqu'à ce que la gélatine soit dissoute.

3. Verser le mélange dans 6 petits ramequins et laisser refroidir.

4. En attendant, verser les fruits rouges dans une casserole et faire revenir à feu doux pendant 10 minutes. Si vous utilisez des fruits frais, les équeuter et les dénoyauter au préalable.

5. Mixer les fruits puis passer le coulis au chinois. Ajouter l'extrait de vanille et mélanger. Réserver au frais.

6. Mettre au frigo les panna cotta pendant 3/4 heures ou toute la nuit.

7. Verser le coulis sur les panna cotta et déguster.

Glace stracciatella

Voici la glace Stracciattella version paléo !
Cette gelée pleine d'amandes croquantes et de copeaux de chocolat sera parfaite pour vos desserts.

PERSONNE
6

CUISSON
0 mn

PRÉPARATION
10 mn

INGRÉDIENTS

9 bananes mûres congelées, coupées en morceaux de 1cm

185 ml de lait d'amande

1 cuillère à soupe de pâte de gousse de vanille

60 gr de copeaux de chocolat sans sucre

50 gr d'amandes effilées, grillées

DÉROULÉ

1. Mixer les morceaux de bananes congelées, le lait et la vanille dans un robot pendant 2 à 3 minutes jusqu'à ce que le mélange soit lisse.

2. Transférer le mélange dans un grand bol, puis incorporer les pépites de cacao et les amandes.

3. Verser la crème dans un récipient hermétique, recouvrer la glace de papier sulfurisé (pour éviter la formation de cristaux), fermer le récipient et le placer au congélateur pendant environ 5 heures.

4. Sortir la glace quelques minutes avant de servir et déguster !

Boissons

Le purple Smoothie

Avez-vous déjà goûté un smoothie qui a le goût d'un muffin aux myrtilles ?
Prenez vos mixeurs, car c'est ce que vous allez découvrir avec le Purple Smoothie !

PERSONNE
1

CUISSON
0 mn

PRÉPARATION
2 mn

INGRÉDIENTS

180 ml de lait d'amande à la vanille non sucré (ou lait de votre choix)

½ c.à.c d'extrait de vanille

80 gr de myrtilles congelées

1 grosse poignée de bébés épinards

1 c.à.s de beurre d'amande (facultatif)

2-3 glaçons

DÉROULÉ

1. Ajouter tous les ingrédients dans un blender dans l'ordre indiqué.

2. Mélanger jusqu'à obtenir un mélange homogène.

3. C'est prêt !

L'élixir Booster

Cet «élixir» de carottes et de gingembre va vous donner un coup de fouet épicé à tout moment de la journée. Ce sera certainement votre nouveau remontant.

PERSONNE
1

CUISSON
0 mn

PRÉPARATION
7 mn

INGRÉDIENTS

3 grosses carottes

1/2 pomme avec la peau (si elle est bio)

2 c. à s de gingembre avec la peau (s'il est bio)

1 c.à.c de curcuma

Le jus d'un ½ citron

1/2 c.à.c de poivre noir

Une grosse pincée de poivre de Cayenne (facultatif)

1 L d'eau

DÉROULÉ

1. Eplucher la carotte.

2. Ajouter tous les ingrédients à votre mixeur, puis mélanger pendant 45 à 60 secondes.

3. Conserver le jus dans un contenant hermétique au réfrigérateur et bien l'agiter avant de le servir. Le jus est meilleur lorsqu'il est servi frais.

<u>**Astuces**</u> **:** *Si cela est trop " piquant " pour vous, vous pouvez diminuer le gingembre et supprimer le poivre.*

Le Morning Smoothie

Rempli de graisses anti-inflammatoires et de minéraux riches, ce smoothie est non seulement délicieux, mais il regorge de bons nutriments.

 PERSONNE
1

 CUISSON
0 mn

 PREPARATION
7 mn

INGRÉDIENTS

1 banane

½ avocat

180 ml de lait d'amande

2 dattes dénoyautées

1 c.à.s de graines de chia

2 c.à.c de pépites de cacao

DÉROULÉ

1. Placer tous les ingrédients, à l'exception des pépites de cacao, dans un mixeur et mixer jusqu'à obtenir une texture lisse.

2. Ajouter les pépites de cacao et mixer pendant encore quelques secondes (le temps dépend de si vous souhaitez sentir les pépites de chocolat ou si vous souhaitez qu'elles soient complément mixées).

<u>**Astuces :**</u> *Si vous trouvez que ce mélange de smoothie est trop épais à votre goût, ajoutez 180 ml d'eau.*

Smoothie Caféiné

Ce smoothie au café sans lactose est idéal pour un matin sur le pouce. Le café donne un petit coup de fouet, le lait de coco fournit de bonnes graisses et le beurre d'amande apporte une touche de noisette (et un peu de protéines).

PERSONNE
1 à 2

CUISSON
0 mn

PREPARATION
5 mn

INGRÉDIENTS

240 ml de lait d'amande (à température ambiante)

120 ml de lait de coco entier (à température ambiante)

120 ml de café (infusé à froid ou refroidi)

1/2 à 1 banane congelée

1 c.à.s de beurre d'amande (ou autre beurre de noix de votre choix)

1 c.à.c de poudre de cacao non sucrée (facultatif)

DÉROULÉ

1. Placer tous les ingrédients dans le mixeur dans l'ordre de la liste ci-contre.

2. Mixer jusqu'à ce que le mélange soit lisse et crémeux.

3. Servir froid et apprécier cette tasse matinale pleine de vie !

Smoothie Vitalité

Vous recherchez quelque chose de frais et de redynamisant ?
Le smoothie Vitalité sera parfait pour cela ! Le mélange ananas-choux vert vous enverra une dose d'énergie pour commencer la journée du bon pied.

PERSONNE
1 à 2

CUISSON
0 mn

PREPARATION
5 mn

INGRÉDIENTS

150 gr d'ananas frais ou congelé

3 à 4 grandes feuilles de chou kale (épines et tiges enlevées et déchirées en morceaux)

40 gr de bébés épinards

1 poignée de persil plat, tiges enlevées

Le jus d'un ½ citron

240 ml de lait de coco

120 gr de glaçons

1 cuillère à soupe de graines de chia (facultatif)

1 c.à.c de thé vert matcha (facultatif)

DÉROULÉ

1. Combiner tous les ingrédients dans un mixeur et mixer à haute vitesse jusqu'à ce que le mélange soit crémeux et lisse.

2. Servir immédiatement.

Smoothie
Anti-inflammatoire

Lumineux, joyeux et plein de bonnes choses. Ce smoothie tropical au curcuma, anti-inflammatoire, éloignera les rhumes et la grippe tout au long de l'année.

PERSONNE
1 à 2

CUISSON
0 mn

PREPARATION
5 mn

INGRÉDIENTS

100 gr de mangue congelée

25 g de carotte

1 c. à.c de curcuma frais

½ cm de gingembre frais

Une pincée de quatre-épices moulues

120 ml d'eau de coco

120 ml de jus d'ananas

½ orange pelée

Une poignée de glaçons

DÉROULÉ

1. Éplucher et hacher la carotte et le gingembre.

2. Mettre tous les ingrédients dans un mixeur et mixer jusqu'à obtenir un smoothie.

Le Cocktail antioxydant

Ce Mocktail au jus vert est un cocktail entièrement naturel, grâce à des ingrédients anti-inflammatoires comme le gingembre et le piment. Il est facile à personnaliser et vous n'avez besoin que de 5 ingrédients !

PERSONNE
1 à 2

CUISSON
0 mn

PRÉPARATION
5 mn

INGRÉDIENTS

1 gros concombre, avec son jus

Le jus d'un ou deux citrons

Une tranche de gingembre de 1,5 cm

2 feuilles de chou kale

180 ml de kombucha aromatisée au gingembre

DÉROULÉ

1. Mixer le concombre, le jus de citron, le gingembre et le chou kale.

2. Remplir un verre de glace pilée, puis verser le jus dans le verre.

3. Ajouter le Kombucha. Mélanger jusqu'à ce que tout soit bien combiné. Faire un test de goût et ajuster la saveur si nécessaire.

4. C'est prêt !

Le Thé Bonne Humeur

Cette boisson acidulée et chaude va vous réveiller dès la première gorgée !
Non seulement elle vous réveillera de la bonne façon, mais elle est une excellente boisson anti-inflammatoire grâce au vinaigre de cidre.

PERSONNE
1 à 2

CUISSON
0 mn

PREPARATION
5 mn

INGRÉDIENTS

240 ml d'eau chaude

2 c.à.s de vinaigre de cidre de pomme

2 c.à.s de jus de citron (option)

1 c.à.c de cannelle

1 pincée de cayenne

DÉROULÉ

1. Insérer tous les ingrédients dans un mixeur et mélanger.

2. C'est prêt !

Virgin Mojito à la fraise

C'est toujours agréable d'avoir une boisson naturelle et rafraîchissante. Ce mojito sans alcool vous permettra de vous détendre tout en restant paléo et sans sucre.

PERSONNE
1 à 2

CUISSON
0 mn

PRÉPARATION
5 mn

INGRÉDIENTS

8 framboises ou fraises

Le jus d'un citron vert

Feuilles de menthe

8 glaçons

Eau gazeuse

DÉROULÉ

1. Placer les fraises et quleques brins de menthe dans un petit bol et les écraser avec une fourchette ou un presse-purée. Ajouter le jus de citron vert et mélanger le tout.

2. Répartir le mélange et les glaçons dans deux verres et compléter avec l'eau gazeuse.

3. Décorer avec les brins de menthe restants et servir.

Le Chocolat Chaud Paléo

Ce chocolat chaud sain a 3 ingrédients est naturellement sucré et absolument délicieux.
Il accompagnera parfaitement vos dimanches au chaud sous un plaid.

PERSONNE
1 à 2

CUISSON
2 min

PRÉPARATION
5 mn

INGRÉDIENTS

240 ml de lait d'amande

5-6 dattes dénoyautées et trempées toute la nuit

1 c.à.s de cacao sans sucre

DÉROULÉ

1. Ajouter tous les ingrédients dans un mixeur et mélanger jusqu'à obtenir une consistance lisse.

2. Passer le mélange dans une passoire très fine ou au chinois afin de filtrer les morceaux de dattes.

2. Réchauffer le mélange (soit dans une casserole, soit au micro-ondes) et servir.

Astuces : *Lorsque vous avez fini de faire tremper des dattes dans l'eau, ne jetez pas l'eau ! Utilisez-la pour sucrer vos smoothies ou votre chocolat chaud.*

Pour aller plus loin.

Programme décrocher du sucre

Un programme en 5 étapes pour décrocher définitivement du sucre et regagner en énergie, en vitalité et ne plus être esclave de vos pulsions sucrées.

Rendez-vous sur le site de bmoove.com (onglet «programme Perte de poids»)

Programme perte de poids

Un programme pour une perte de masse grasse basée uniquement sur le rééquilibrage alimentaire. Vous y retrouverez des menus, des recettes et tous les conseils pour perdre 1 kg par semaine.

Rendez-vous sur le site de bmoove.com (onglet «programme Perte de poids»)

Recettes pour les sportifs

Pendant une séance de sport, les muscles sont mis à rude épreuve, il est donc important de ne surtout pas négliger son alimentation pour bien récupérer !

Rendez-vous sur le site de bmoove.com (onglet «Livres»)

Paléo ! Les 125 recettes faciles et gourmandes de Blandine

Petits-déjeuners, apéritifs, entrées froides, entrées chaudes, plats, desserts, douceurs, en-cas, sauces et condiments, boissons… Entrez dans le monde de la cuisine paléo et découvrez les 125 recettes faciles et gourmandes de Blandine !

Rendez-vous sur le site de bmoove.com (onglet «Livres»)

Nous contacter

Une question sur une des recettes, un retour sur notre ebook ou tout simplement l'envie de nous adresse un mot ?

Ecrivez-nous à l'adresse contact@bmoove.com

Retrouvez-nous
sur www.bmoove.com
et suivez-nous sur Youtube, Instagram et Facebook.

Printed by Amazon Italia Logistica S.r.l.
Torrazza Piemonte (TO), Italy

56848781R00056